Tina Weiler | Lexa Thomas

W0275002

# Auf mit dem Wind und davon!

## Improvisationsideen zum Mitsingen und Bewegen in der Kita

Verlag an der Ruhr

# Impressum


**Titel**
Auf mit dem Wind und davon!
*Improvisationsideen zum Mitsingen und Bewegen in der Kita*

**Autorin**
Tina Weiler

**Komposition**
Lexa Thomas

**Gesang**
Florian Stohr und Laura Hempel

**Titelbildmotiv und Fotos**
Carsten F. Lehmann

**Umschlaggestaltung**
Christian Weißenborn

**Innengestaltung**
Dagmar & Torsten Lemme, Berlin

**Verlag an der Ruhr**
Mülheim an der Ruhr
www.verlagruhr.de


**Geeignet für Kinder von 3–6 Jahren**

**Unser Beitrag zum Umweltschutz:**
Wir sind seit 2008 ein ÖKOPROFIT®-Betrieb und setzen uns damit aktiv für den Umweltschutz ein. Das ÖKOPROFIT®-Projekt unterstützt Betriebe dabei, die Umwelt durch nachhaltiges Wirtschaften zu entlasten. Unsere Produkte sind grundsätzlich auf chlorfrei gebleichtem und nach Umweltschutzstandards zertifiziertem Papier gedruckt.



**ISBN 978-3-8346-2232-7**

**Printed in Germany**

# Inhalt

# Inhalt

# Ein paar Worte vorab ...

**Liebe Leserinnen und Leser,**

auf den ersten Blick scheint es eine riesige Aufgabe, Sprache und Bewegungspotenzial Ihrer Kinder zu festigen und zu erweitern. Auf den zweiten Blick ist das eine ziemlich einfache und angenehme Aufgabe. Kinder haben eine natürliche Freude an Sprache und Bewegung. Unsere Aufgabe und Ziel dieses Buches ist es, diese Freude zu erhalten und darüber die sprachlichen und motorischen Fähigkeiten der Kinder zu fördern.

Zusammen zu singen und sich gemeinsam zu bewegen, ist herrlich! Im Vordergrund der 21 Bewegungsspiele in diesem Buch steht die Freude an der Bewegung, dem Wort, der Musik und deren Zusammenspiel. Bewegung und Musik sind eng miteinander verbunden. Damit die bewegten Momente für Sie und die Kinder noch mehr zu einem Erlebnis werden, liegt diesem Buch eine CD bei. Alle Texte wurden liebevoll von dem Komponisten Lexa Thomas in Lieder verwandelt, und Laura Hempel und Florian Stohr haben durch ihre Stimmen alle Figuren und Geschehnisse zum Leben erweckt.

# Ein paar Worte vorab ...

Sie können alle Spiele einzeln nutzen, zum Beispiel als Hand- oder Fingerspiel nach dem Essen am Tisch, als Energiespiel im Garten oder als Entspannungslied vor dem Mittagsschlaf. Viele Spiele passen auch zu Bastelstunden, zu einer vorgelesenen Geschichte oder zu besonderen Anlässen (Frühling, der erste Schnee, Fasching, Räuberparty, Forschertage ...) Nutzen Sie die Gelegenheit, und binden Sie die Spiele situativ in Ihren Alltag ein, nach den aktuellen Interessen der Kinder.

Sie können aber auch mehrere Spiele zu einer längeren Bewegungseinheit im Bewegungsraum kombinieren. Das könnte zum Beispiel so aussehen: Sie beginnen mit einem Energiespiel zur Erwärmung, lassen ein Spiel für Koordination, Kraft oder Rhythmus folgen und enden schließlich mit einem Spiel am Boden zum Entspannen und Zur-Ruhe-Kommen. Dazu können Sie sich am Kapitel Bewegungsstunden (siehe Seite 66) orientieren. Hier habe ich einige allgemeine Hinweise für Ihre bewegte Arbeit mit den Kindern gegeben und vier Vorschläge für Bewegungsstunden gemacht. Doch alle Angaben zu Bewegungen, Bewegungsabläufen und zum Stundenaufbau sind nur Vorschläge. Sicher fallen Ihnen und den Kindern noch andere Möglichkeiten ein.

Auf Seite 74/75 finden Sie noch eine Tabelle, die Ihnen ein schnelles Auswählen und Arbeiten mit diesem Buch ermöglicht.

Jetzt können Sie schon fast loslegen, nur eines noch: Es macht große Freude, gemeinsam zu „dichten" und dazu Bewegungen zu finden. Ich würde mich freuen, wenn die Texte Sie und die Kinder anregen, selbst mit Wort und Bewegung zu spielen.

Beim Ausprobieren wünsche ich Ihnen nun viel Spaß!

*Tina Weiler*

Track 1

# Los geht's!

## Gut zu wissen

Eine Begrüßung. Mit diesem oder einem anderen kleinen Text beginne ich immer meine Bewegungsstunden. Der Text bleibt dann recht lange derselbe. Als Regelmäßigkeit, als Ritual. Alle wissen dann: Das ist unser Anfang, nun geht's los. Ich stelle mich mit den Kindern in einen Kreis. So kann jeder jeden sehen, die Aufmerksamkeit bündelt sich, alles andere bleibt hinter uns, und wir machen uns bereit für das, was nun folgt. Dieser Begrüßungstext ist auch auf der CD.

## Der Begrüßungstext

1, 2, 3 – Kinder, kommt herbei.
4, 5, 6 – Wir stehen eng im Klecks.
Nach der 6 die 7 – Hin und her wir wiegen.
8, 9, 10 – Wir bleiben ganz still stehn.
Denn nun wird, hier und jetzt, was ganz Tolles, Fabelhaftes,
ziemlich Cooles und Famoses ... geschehn.

adidas

# Von Tieren, frechen Früchtchen und Co.

Die folgenden zehn Spiele handeln von Tieren, Früchten, Pflanzen ... Im Ganzen geht es um die Natur in unserer Gegend. Wenn ich mit den Kindern über die einzelnen Spiele spreche, wenn wir überlegen, wo Erdbeeren in der Stadt wachsen und wo auf dem Land, was ein Straßenbahnfahrer alles zu beachten hat, welche Tiere es auf einem Bauernhof gibt und wie sich diese bewegen, was wohl das größte Pflanzenkind auf der Erde ist, wenn wir überlegen, was aus Wasser wird, wenn es kalt ist, und wie wir dann das Schmelzen des Eises in Bewegung umsetzen können, wenn wir über das genaue Aussehen einer Schneeflocke diskutieren, Sonnenstrahlen versuchen, zu beschreiben, und darüber nachdenken, ob es wirklich einen Wind gibt, der uns auf und davon tragen könnte, wenn wir über die Eigenarten des Schattens sprechen und dem Lauf der Ameisen folgen, dann wird aus einer Bewegungsstunde eine kleine Lebenskunde. Körper und Geist werden geschult. Musik und Tanz werden zum herrlichen „Mittel zum Zweck".

Track 2

# Die kleine Erdbeere Kunigunde

**Ausgangsposition**
Die Kinder liegen ganz eng zusammengerollt im Raum verteilt.

### Teil 1 (2-mal)

Die kleine Erdbeere Kunigunde
ist eine Freche, ist eine Runde.
Sie hopst auf und ab, wie verrückt,
und hofft, dass sie bald jemand pflückt.

*Während des 1. Teils hopsen die „Erdbeeren" verrückt durch den Raum.*

### Teil 2

Endlich ist eine Maus gekommen
und hat Kunigunde mitgenommen.
Sie macht aus der Beere nen Erdbeerkuchen,
die Erdbeermarmelade müsst ihr mal versuchen.
Erdbeerjogurt, Erdbeereis, Erdbeerjoghurt, Erdbeereis!

*Während des 2. Teils rollen die „Erdbeeren" rund am Boden umher (Vorwärtsrolle, Purzelbaum, seitlich über den Rücken).*

### Wiederholung Teil 1

Die kleine Erdbeere Kunigunde
ist eine Freche, ist eine Runde.
Sie hopst auf und ab, wie verrückt,
und hofft, dass sie bald jemand pflückt.

*Wieder springen die „Erdbeeren" verrückt durch den Raum.*

# Die kleine Erdbeere Kunigunde

**Tipp**

Dies ist ein Spiel zum Aufwärmen, ein Spiel, um mal richtig loszulegen und viel Energie rauszulassen. Erinnern Sie die Kinder aber vorher noch daran, aufeinander Acht zu geben, damit es keinen Erdbeermatsch gibt.

**Variationen**

Man kann den **Bewegungsteil nach Teil 2,** in dem die Kinder sich am Boden rollen, auch austauschen, zum Beispiel: Die Erdbeeren verwandeln sich in Mäuse und flitzen durch den Raum. Oder Sie nutzen dieses Spiel für eine **Gruppenvariante:** Die Kinder der einen Gruppe sind die Erdbeeren, die nach der Wiederholung ihrer Strophe wieder zusammengerollt am Boden enden. Im 2. Teil kommt die zweite Gruppe, die Mäuschen. Sie trippeln durch das Erdbeerfeld und suchen sich eine Beere aus. Am Ende, in der Wiederholung des 1. Teils, tanzen alle zusammen, entweder im Erdbeer-Maus-Paar oder als große Erdbeer-Mäuse-Gruppe, durch den Raum.

Track 3

# Wir fahren mit der Straßenbahn

**Ausgangsposition**
Es gibt keine Aufstellung.

**Vorspiel**

*Im Vorspiel versuchen die Kinder, so schnell wie möglich in eine gefasste Reihe (Handfassung, Schulterfassung) zu kommen. Jeder will ja die Straßenbahn noch erwischen!*

*Mit Einsatz des Textes beginnt die „Bahn", sich in Bewegung zu setzen, und fährt durch den Raum.*

**1. Strophe**
Wir fahren mit der Straßenbahn, Straßenbahn, Straßenbahn.
Wir fahren mit der Straßenbahn
raus ins Leipziger Land.

**Zwischenspiel**

**2. Strophe**
Leipzig ist ne schöne Stadt, schöne Stadt, schöne Stadt.
Doch manchmal hat man Stadt halt satt.
Dann fährt man raus aufs Land.
Anhalten!
Aussteigen!

*Auf Kommando wird angehalten und ausgestiegen.*

Was gibt's denn hier zu sehn?

*Jetzt müssen Sie das Lied an Ihrer Musikanlage anhalten. Nun sollen die Kinder erzählen, was es auf dem Land alles zu sehen gibt. Greifen Sie einen Vorschlag heraus, den Sie dann gemeinsam vertiefen. Sagt ein Kind beispielsweise „Pferde", so können Sie fragen, wie sich ein Pferd bewegt,*

# Wir fahren mit der Straßenbahn

*welche Töne es von sich gibt, wie groß ein Pferd ist, was es frisst ... Tiere, Pflanzen, Maschinen (Traktor) sind hervorragender Gesprächsstoff. Wenn Sie der Meinung sind, es wurde genug über eine Sache gesprochen, dann lassen Sie das Lied wieder von vorne beginnen. Sobald das Vorspiel beginnt, stürmen alle wieder in die Straßenbahn, und weiter geht die Fahrt. Dies können Sie nun, so oft Sie und die Kinder es mögen, wiederholen.*

# Wir fahren mit der Straßenbahn

## Tipps

Wie die Kinder sich als Straßenbahn in einer Reihe hintereinander festhalten, geben Sie vor. Ob an den **Schultern** oder an der **Hüfte** – das können Sie nach einer Vorliebe der Kinder entscheiden, oder Sie variieren von Bewegungsstunde zu Bewegungsstunde. Das Festhalten hängt natürlich auch vom Alter der Kinder ab: eine Hüftfassung ist für 3-Jährige schon eine große Aufgabe.

Eine weitere Schwierigkeit liegt im schnellen **Formieren der Reihe.** Jeder muss schnell seinen Platz finden. Manche Kinder mögen nie an der Spitze gehen, manche unbedingt. Das müssen Sie steuern. Ich mache dazu immer eine kurze Ansage, bevor ich die Musik starte.
Das **Tempo** der Bahn ist noch ein wichtiges Thema. Wenn die Kinder zu schnell gehen, reißt die Reihe. Gehen sie zu langsam, treten sie sich oft von hinten in die Füße. Das tut weh, und der Schuh ist meistens hinten vom Fuß gerutscht. Und das bedeutet ebenfalls „Straßenbahnstau". Wenn ich dieses Spiel die ersten Male mache, dann laufe ich immer rückwärts an der Straßenbahnspitze vor dem ersten Kind. So kann ich das Tempo steuern und die Kinder sehen.
Wenn viele Kinder **Straßenbahnführer** sein wollen, gibt es auch schon mal zwei oder drei Bahnen im Raum.

# Wer tanzt da vor meinem Fenster?

Track 4

**Ausgangsposition**
Die Kinder stehen im Raum verteilt und haben sich in Schneeflocken verwandelt.

**Teil 1**
Wer tanzt da vor meinem Fenster im schneeweißen Röckchen?
Das sind viele, viele tausend kleine Schneeflöckchen.
Sie drehen und wirbeln, sie fallen und steigen.
|Und tanzen mit dem Winterwind ihren prächtigen Reigen.| (2-mal)

*Die Kinder tanzen während des 1. Teils durch den Raum, drehen, wirbeln …*

**Teil 2**
Er pustet sie zur einen Seite.
Er pustet sie zur anderen Seite.
Er pustet sie in die Mitte.
Er pustet sie in diese Ecke.
Er pustet sie in die andere Ecke.

*Während der Ansagen sollten Sie an einem gut sichtbaren Ort stehen. Zeigen Sie bitte deutlich zu einer Seite, zu einer anderen Seite, auf die Mitte, in eine Ecke, zu einer anderen Ecke. Die Kinder drehen und wirbeln in diese Richtungen …*

|Er pustet sie zu mir, und sie tanzen um mich herum.| (2-mal)
Sie drehen und wirbeln, sie steigen und fallen wieder
|und legen sich glücklich nach ihrem Wintertanz nieder.| (2-mal)

*Mit Beginn der Strophe zeigen Sie auf sich. Die Kinder tanzen dann um Sie herum und gleiten am Ende langsam zu Boden.*

## Tipp

Dieses Spiel ist ein guter Anlass, um sich mit dem Thema Winter, Schnee, Schneeflocken ... zu beschäftigen. Vorher oder nachher kann man Schneeflocken basteln (Scherenschnitt) und sich mit deren spezieller Form auseinandersetzen.

## Variation

Ihre Aufgabe, die Richtungen während des Spiels anzuzeigen, kann später auch ein Kind übernehmen.

Track 5

# Auf mit dem Wind und davon

**Ausgangsposition**
Die Kinder stehen paarweise im Raum und halten sich an einer Hand.

**Refrain**
Auf mit dem Wind und davon will ich mit dir fliegen.
Auf mit dem Wind und davon, komm, reich mir deine Hand.
Auf mit dem Wind und davon, wir lassen uns mal treiben.
Auf mit dem Wind und davon durch das Himmelsland.

*Die Kinder schweben, gleiten, fliegen zu zweit durch den Raum. Jedes Paar hat seinen eigenen Weg.*

**1. Strophe**
Durch die Lüfte schweben, Wolkenspaß erleben.

*Die Kinder schweben, gleiten, fliegen zu zweit durch den Raum.*

Auf Sonnenstrahlen stehen. Die ganze Welt von oben sehn.

*Die Kinder bleiben stehen und erheben sich auf die Ballen (Balance). Dann halten sie Balance und sehen nach unten.*

**Refrain**
Auf mit dem Wind und davon ...

**2. Strophe**
Durch die Lüfte schweben, Wolkenspaß erleben.

*Die Kinder schweben, gleiten, fliegen zu zweit durch den Raum.*

Von Stern zu Stern wir springen. Gemeinsam wird's gelingen.

*Die Kinder springen zu zweit durch den Raum.*

# Auf mit dem Wind und davon

**Refrain**
Auf mit dem Wind und davon ...

**Variation**
Wenn die Kinder das Spiel schon beherrschen: Die Kinder stehen einzeln verteilt im Raum. Die Musik beginnt, die Kinder beginnen, einzeln zu fliegen und erst bei „... reich mir deine Hand" müssen sie sich einen Partner gesucht haben. Mit diesem wird nun bis „... die ganze Welt von oben sehen" getanzt. Dann trennen sich die Paare, und es finden sich in den nächsten beiden Strophen neue Paare, sodass jedes Kind mit drei verschiedenen Partnern getanzt hat.

# Leuchtend helle Sonnenstrahlen

Track 6

**Ausgangsposition**
Die Kinder sitzen im Raum verteilt auf dem Boden.

### 1. Strophe

Leuchtend helle Sonnenstrahlen,
Bilder auf den **Boden** malen.
Rund und eckig, kreuz und quer,
große, kleine und viel mehr.
Klecks und Pünktchen, dünne Schleifen
und ganz unten dicke Streifen.

*Die Kinder malen imaginäre Bilder auf den Boden.*

Schau dir nur den **Boden** an,
was man darauf sehen kann.

*Alle treten an die Seiten des Raumes und zählen auf, was sie auf dem Boden sehen. Also, was sie und die anderen Kinder gemalt haben.*

### Gesprochen

Und jetzt malen wir in die **Lüfte.**

### 2. Strophe

Leuchtend helle Sonnenstrahlen,
Bilder in die **Lüfte** malen.
Rund und eckig, kreuz und quer,
große, kleine und viel mehr.
Klecks und Pünktchen, dünne Schleifen
und ganz unten dicke Streifen.

*Die Kinder malen imaginäre Bilder in die Luft.*

# Leuchtend helle Sonnenstrahlen

Schau dir nun die **Luft** mal an,
was man darauf sehen kann.

*Alle treten an die Seiten des Raumes und zählen auf, was sie in der Luft sehen. Also, was sie und die anderen Kinder gemalt haben.*

**Gesprochen**
Jetzt bepinseln wir die **Wände.**

**3. Strophe**
Leuchtend helle Sonnenstrahlen,
Bilder auf die **Wände** malen.
Rund und eckig, kreuz und quer,
große, kleine und viel mehr.
Klecks und Pünktchen, dünne Schleifen
und ganz unten dicke Streifen.

*Die Kinder malen imaginäre Bilder an die Wände.*

Schau dir nun die **Wände** an,
was man darauf sehen kann.

*Alle treten an die Seiten des Raumes und zählen auf, was sie an den Wänden sehen. Also, was sie und die anderen Kinder gemalt haben.*

**Gesprochen**
Und jetzt zeichnen wir ganz vorsichtig auf die **Körper.**

**4. Strophe**
Leuchtend helle Sonnenstrahlen,

# Leuchtend helle Sonnenstrahlen

Bilder auf den **Körper** malen.
Rund und eckig, kreuz und quer,
große, kleine und viel mehr.
Klecks und Pünktchen, dünne Schleifen
und ganz unten dicke Streifen.

*Die Kinder malen imaginäre Bilder auf den eigenen und/oder auf die anderen Körper.*

Schau dir nun den **Körper** an,
was man darauf sehen kann.

*Jeder schaut sich die anderen Kinder an und zählt auf, was er auf den anderen Körpern sieht.*

### Gesprochen

Jetzt darf jeder das bemalen, was er gerne möchte.

*Nun folgt noch eine Strophe ohne Text. Jedes Kind kann selbst entscheiden, wo es etwas hinmalt.*

# Leuchtend helle Sonnenstrahlen

**Achtung**

Zwischen den Strophen sollten Sie die CD immer anhalten (PAUSE-Taste), damit Sie genug Zeit haben, mit den Kindern über das Gemalte zu sprechen. Ist alles erklärt, kann es weitergehen.

**Tipps**

Lassen Sie den Kindern viel Freiraum, um auszuprobieren, aber ermuntern Sie sie auch, mit neuen Bewegungsansätzen zu experimentieren: Ob auf den Boden, in die Luft, an die Wand und sogar an den Körper – man kann nicht nur mit dem Finger und der Zehe malen. Ellenbogen, Nasenspitze, Po, Knie ... können auch mögliche „Stifte" sein. Die Zunge wird auch gerne benutzt. Klären Sie aber vorher, dass sie in der Luft ihren großen Auftritt haben kann, denn auf dem Boden, an der Wand und auf der Kleidung findet die Zunge das nicht so lecker ... Wenn Sie mit den Kindern über ihre imaginären Bilder sprechen, heben Sie besonders fantasievolle Einfälle hervor. Auch durch Ihren Blick, der immer etwas Außergewöhnliches entdeckt, geben Sie den Kindern eine Vorstellung, was alles möglich sein könnte. Ganz ehrlich, in diesem Spiel ist der Fantasie keine Grenze gesetzt.

Track 7

# Wasser, Wasser

**Ausgangsposition**
Die Kinder stehen im Raum verteilt.

### 1. Strophe

Wasser, Wasser spritzt zur Seite.

*Klatsch, klatsch und ein Sprung zu einer Seite.*

Wasser, Wasser blubbert munter.

*Klatsch, klatsch und Sprung zur anderen Seite.*

In der Wanne und wenn's regnet,

*Die Kinder hopsen am Platz und deuten mit den Armen ein wild sprudelndes Wasser an.*

fällt das Wasser auch mal runter.

*Am Ende der Verszeile gehen alle schnell in die Hocke.*

### 2. Strophe

Wasser, Wasser springt nach oben.

*Klatsch, klatsch und ein Sprung nach oben.*

Wasser, Wasser strudelt im Kreis.

*Klatsch, klatsch und dann um sich selbst im Kreis drehen.*

Und im Winter, wenn es kalt ist,

*Die Kinder hopsen Platz und deuten mit den Armen ein wild sprudelndes Wasser an.*

wird aus fließendem Wasser – Eis!

*Am Ende der Verszeile erstarren die Kinder zu einer verrückten Eisfigur.*

# Wasser, Wasser

**Tipp**

Dies ist ein Reaktionsspiel. Es macht den 3-Jährigen genauso Spaß wie den Vorschulkindern. Das Ergebnis wird natürlich ein anderes sein. Und besonders das Ende des Spiels hat es in sich. Die Kinder sollen wirklich eine gewisse Zeit unbeweglich in einer Pose stehen bleiben. Das ist schwer! Durch Ihre sprachliche Führung können diese Eisfiguren dann ganz langsam schmelzen. Auch schwer!

Die Beschäftigung mit dem Element Wasser, mit dessen Zuständen und Möglichkeiten, kann dieses Spiel bereichern. Scheuen Sie sich nicht, einen Becher mit Wasser zu nutzen oder sogar ein kleines Eisstück.

# Ich will so sein wie du

Track 8

**Ausgangsposition**
Die Kinder bilden ein Paar oder sind zu dritt / zu viert. Ein Kind steht. Das andere / die anderen liegen auf dem Rücken, die Füße nah bei den Füßen des stehenden Kindes. Sie sind der Schatten am Boden.

## 1. Strophe

Ich will so sein wie du.
Drum mach ich dir alles nach.
Ich mach alles so wie du
in der Nacht und auch am Tag.

Gehst du vorwärts, mach ich mit.
Gehst du rückwärts, halt ich Schritt.
Mich kannst du nicht verkaufen,
und ich werde dir nicht weglaufen.
Nur im Dunkeln, da siehst du mich nicht.
Denn alles, was ich brauche, ist das Licht.

## 2. Strophe

Ich will so sein wie du.
Drum mach ich dir alles nach.
Ich mach alles so wie du
in der Nacht und auch am Tag.

Bist du schief, bin ich das auch.
Bist du dünn, bin auch ich ohne Bauch.
Bin mal vor dir, mal dahinter,
bin da im Sommer und auch im Winter.
Nur die Größe, die stimmt manchmal nicht.
Schuld daran ist immer nur das Licht.

## Improvisationsstrophe

# Ich will so sein wie du

## So geht es

*Das stehende Kind bewegt sich sehr langsam am Platz. Das liegende / die liegenden Kind/er versuchen, es zu imitieren (Schatten).*

# Ich will so sein wie du

**Tipp**

Machen Sie aus dem Spiel ein Rätsel. Erraten alle, dass es hier um den Schatten geht? Meine 4- und 5-Jährigen erraten das Rätsel recht schnell. Sie haben auch meist schon mit ihren ErzieherInnen zu diesem Thema geforscht und experimentiert. Daher können sie mich gut über die Möglichkeiten des Schattens und über das Problem mit der Größe aufklären. Sie erzählen von Schattenspielen, Schattenbildern, Gegenstand und Lichtquelle, Sonne und Mond …

Dies ist ein Spiel für die „Großen", denn es ist nicht ganz einfach und fordert von allen Kindern eine hohe Konzentration. Natürlich können Sie die stehenden Kinder während des Spiels animieren: Arme weit nach oben, vor dem Körper verschränken, nur der rechte Arm, Armwellen, eckige Armbewegungen … Da gibt es viele Möglichkeiten. Wichtig ist nur, dass es langsam passiert, denn die „Schatten" sollen ja folgen.

**Variation**

Meine Spielanregung bietet die Möglichkeit, dass einige Kinder zuschauen können. Gerade bei 3er- oder 4er-Gruppen ist das Beobachten spannend: Von jeder Seite sieht das stehende Kind ja anders aus. Das heißt, auch die „Schatten" sind verschieden.

Track 9

# Ich bin der Baum

**Ausgangsposition**
Die Kinder hocken im Raum verteilt auf dem Boden. Haben Sie Reifen zur Verfügung, könnte jedes Kind auch in einem Reifen hocken.

**1. Strophe**
Ich wachse, ich wachse dem Lichte entgegen.
Ich wachse nach oben, nach links und nach rechts.
Mein Stamm ist dick und kräftig, die Wurzeln sind lang.
Meine Krone, die spendet dir Schatten.

*Langsam nach oben wachsen. Jedes Kind hat sein eigenes Tempo. Sich dann fest positionieren und die Arme nach links und rechts wachsen lassen.*

**Refrain (2-mal)**
Ich bin der Baum, ich bin der Baum, ich bin der Baum. Schau mich an.

*Sich im Wind langsam hin und her bewegen.*

**2. Strophe**
Ich wiege mich im Wind, meine Blätter, die tanzen.
Die Äste, die schwingen im Rhythmus der Zeit.
Von der Sonne, vom Wasser und vom täglichen Wind,

*Die Kinder machen Fäuste und strecken im Verlauf der Strophe jeden Finger (Blätter) einzeln. Dabei wiegen sie sich weiter.*

bin ich von der Erde das größte Pflanzenkind.

*Mit den Armen einen großen Kreis beschreiben.*

**Refrain (2-mal)**
Ich bin der Baum, ich bin der Baum, ich bin der Baum. Schau mich an.

*Sich im Wind langsam hin und her bewegen.*

# Ich bin der Baum

### Gut zu wissen

Dieses Spiel ist schwer. Wie Sie beim Lesen bemerkt haben werden, passiert nicht gerade viel. Darin liegt aber genau die Schwierigkeit. Fest zu stehen, stark wie ein Baum auszusehen, nur den Oberkörper zu bewegen – eine anstrengende Aufgabe für Ihre Kinder.

### Tipp

Ermuntern Sie die Kinder, während des Liedes ihre Körperteile isoliert zu bewegen, also die Arme, die Hände, die Finger, die Schultern zu heben und zu senken, den Kopf, den Oberkörper zu bewegen. Nur der „Baumstamm" (Fußgelenke, Kniegelenke, Becken) ist fest. Wünschen Sie sich einen „großen Wald", und loben Sie nicht zu knapp.

Track 10

# Eine kleine Ameise

**Ausgangsposition**
Die Kinder stehen im Raum verteilt und haben sich in Ameisen verwandelt. Sie hören den Text. Wenn nach dem Text das rhythmische Zwischenspiel beginnt ...

### 1. Strophe

Eine kleine Ameise
trippelt heute ganz, ganz leise
auf winzigen Füßchen zu ihrem Haufen.
Sie könnte durchaus auch lauter laufen.
Doch auf dem Heimweg hat sie sich gedacht:
„Heute mache ich mal keinen Krach."
Drum trippelt sie besonders leise,
die kleine Ameise.

*Jetzt beginnt das Zwischenspiel. Möglichst leise trippelt nun jede Ameise auf den Ballen ganz leise und flink durch den Raum.*

### 2. Strophe

Ameise **neben** Ameise
trippelt heute ganz, ganz leise
auf winzigen Füßchen zu ihrem Haufen.
Sie könnten durchaus auch lauter laufen.
Doch auf dem Heimweg haben sie gedacht:
„Heute machen wir mal keinen Krach."
Drum trippeln sie besonders leise,
Ameise **neben** Ameise.

*Während des Textes der zweiten Strophe finden sich die Kinder paarweise zusammen. Wenn das rhythmische Zwischenspiel wieder beginnt, trippeln sie gemeinsam nebeneinander durch den Raum. Aber leise ...*

# Eine kleine Ameise

**3. Strophe**

Ameise **hinter** Ameise
trippelt heute ganz, ganz leise
auf winzigen Füßchen zu ihrem Haufen.
Sie könnten durchaus auch lauter laufen.
Doch auf dem Heimweg haben sie gedacht:
„Heute machen wir mal keinen Krach."
Drum trippeln sie besonders leise,
Ameise **hinter** Ameise.

*Während des Textes der dritten Strophe finden sich die Kinder zu einer großen oder zwei bis drei kleineren Ameisenreihen zusammen. Wenn das rhythmische Zwischenspiel beginnt, trippeln sie hintereinander durch den Raum. Leise ...*

**Variation**

Dieses Spiel kann sehr gut als Fingerspiel umgeformt werden. Dabei sind Zeige- und Mittelfinger die Ameisen. Die Kinder können das Spiel für sich spielen oder zu mehreren. Die Ameisen können auf dem Tisch, dem Kopfkissen oder dem Oberschenkel trippeln.

Track 11

# Das Wettrennen

### Gesprochen

Sehr geehrte Krabbler und anderes Getier!
Ein großes Wettrennen veranstalten wir heute hier,
wozu ich sie herzlichst begrüße,
auf unserer schönen, grünen Wiese.
Ich sehe gerade:
Die Läufer haben soeben die Laufstrecke betreten.
Sie springen, manche kriechen, einer galoppiert,
und andere schweben.
Nun hebt der Schiedsrichter seine Hand.
Und Achtung! Es wird losgerannt ...

### Instrumentalspiel

### So geht es

Vor diesem Spiel sollte sich die Gruppe gemeinsam Gedanken gemacht haben, was es für Krabbler, Kriecher, Flieger ... auf einer Wiese gibt. Jedes Kind hat sich für das Spiel ein Tier ausgesucht. Ich beginne dieses Spiel mit meinen Kindern immer in einer Ecke des Raumes – ein Sportler muss sich warmmachen, noch einen Schluck trinken – alles sehr theatralisch. Wenn der Text beginnt, kommen alle in einer langen Reihe an ihre Startpositionen. Jedes Tier sollte sich eine Startpose ausdenken. Nach dem Startschuss geht es los: Jeder hat seinen eigenen Weg und seine eigene Art, sich durch den Raum zu bewegen. Alle gewinnen natürlich.

# Das Wettrennen

**Variation**

Gerne mache ich dieses Spiel auch in zwei Gruppen (Zuschauer und Sportler). So kommt man danach meist in ein schönes Gespräch über Tiere, Fortbewegungsarten, das Laufen als Sport und lernt ganz nebenbei, konstruktiv Kritik zu üben. Und noch lustiger wird das Spiel mit Eltern!

# Die Zeit, die Zeit, die Zeit ...

Das nächste Kapitel ist zwar kurz, nur drei Spiele, doch die haben es in sich. Das Überthema ist die Zeit. Ein wichtiges Thema in diesem Alter. Zu verstehen, dass Tag und Nacht sich immer abwechseln, dass durch das schnelle Ticken einer kleinen Uhr die Zeit nicht schneller vergeht, dass langsam für mich nicht das Gleiche ist wie für meine Freundin ... All das sind wichtige Themen, die die folgenden Spiele anregen sollen, zu besprechen. Weiterhin kann man mit diesen Spielen gut das Rhythmusgefühl der Kinder fördern. Das erste Spiel erklärt sich fast von selbst. Die beiden folgenden haben sehr viele Variationsmöglichkeiten, vom Fingerspiel bis zur Gruppenarbeit ist alles dabei.

Track 12

# Langsam und schnell

**Ausgangsposition**
Die Kinder liegen im Raum verteilt, sehr eng zusammengezogen.

**1. Strophe**
Langsam, langsam recken und strecken,
wachsen, wachsen bis zur Decke.

*Langsam zum Stehen kommen, die Arme nach oben strecken und sich ganz groß machen.*

Den ganzen Körper rütteln!

*Nun folgt Musik. Dazu können die Kinder den ganzen Körper rütteln.*

**2. Strophe**
Langsam, langsam ein Bein heben,
mit dem anderen fest am Boden kleben.

*Stehen, dann langsam ein Bein heben und Balance halten.*

Den ganzen Körper schütteln!

*Den ganzen Körper ausschütteln.*

**3. Strophe**
Langsam, langsam einen ersten Schritt,
doch nun tanzt gleich alles, alles mit!

*Stehen und in Zeitlupe einen Schritt andeuten.*

Und nun ganz wild wackeln!

*Wild durch den Raum wackeln.*

# Langsam und schnell

### 4. Strophe

Langsam, langsam in die Hocke sinken,
tiefer, tiefer im Boden fast verschwinden.

*An einem neuen Platz langsam vom Stand wieder auf den Boden sinken, ohne zu wackeln, sehr geschmeidig und gleichmäßig, bis man auf dem Bauch oder dem Rücken liegt.*

Jetzt mal ganz wild zappeln!

*Am Boden liegen und den ganzen Körper zappeln lassen.*

**Tipp**

Dieses Spiel erklärt sich fast von selbst. Die älteren Kinder erfassen es, während die Musik läuft. Daher eignet es sich gut für eine Eltern-Mitmach-Stunde. Man kann dieses Spiel auch mal kurz vor dem Mittagsschlaf auf den Schlafmatten spielen. In der dritten Strophe kann dann jedes Kind auf seiner Matte tanzen, und am Ende bleiben die wackelnden Kinder dann gleich liegen.

Track 13

# Da tickt etwas

**Ausgangsposition**
Die Kinder stehen mit Ihnen in einem Kreis.

### 1. Strophe
Im Glockenturm, da tickt etwas: tick, tack, tick, tack.
Ich frage mich: Was ist denn das? Tick, tack, tick, tack.

*Stehen, hören und auf das „Tick, tack, tick, tack" vier Töne erzeugen, zum Beispiel 4-mal klatschen oder stampfen.*

### Zwischenspiel
*Alle fassen sich an den Händen und machen einen großen Kreis (die große Turmuhr).*

Es ist die große **Glockenuhr,** sie läutet jede Stunde.
Die Glocken schlagen uns die Zeit nach jeder Zeigerrunde.

*In einem gefassten Kreis gemeinsam in eine Richtung gehen.*

### 2. Strophe
In Omas Küche tickt etwas: ticke-tack, ticke-tack.
Ich frage mich: Was ist denn das? Ticke-tack, ticke-tack.

*Hände lösen, stehen, hören und auf das „Ticke-tack, ticke-tack" sechs Töne erzeugen, zum Beispiel 6-mal klatschen oder stampfen.*

### Zwischenspiel
*Sich zu zweit unterhaken ...*

Es ist die weiße **Küchenuhr.** Sie ist schon ziemlich alt.
Verlässlich zeigt sie uns die Zeit. Nur macht sie manchmal Halt.

*... und langsam umeinander drehen (die kleinere Küchenuhr).*

# Da tickt etwas

**Gesprochen**

Na, dann muss man sie wieder aufziehen.

*Wieder zum Kreis finden.*

**3. Strophe**

An Papas Arm, da tickt etwas:
Ticke-tacke, ticke-tacke, ticke-tacke, tick.
Ich frage mich: Was ist denn das?
Ticke-tacke, ticke-tacke, ticke-tacke, tick.

*Stehen, hören und auf das „Ticke-tacke, ticke-tacke, ticke-tacke, tick" viele kleine Töne erzeugen, zum Beispiel durch Stampfen.*

Ach, Papas kleine Armbanduhr, grün und silbern, rund und schön.
Er trägt sie an dem linken Arm. Dort kann auch ich sie sehen.

*Jedes Kind streckt die Arme weit nach oben und dreht sich um sich selbst (der kleinste Kreis für die kleinste Uhr).*

**Variation**

Die drei Kreisformen kann man als Klatschrefrain umformen, oder man zeigt mit den Armen die große Uhr, mit den Händen die mittlere und mit Daumen und Zeigefinger die ganz kleine. Natürlich ist dieses Spiel auch hervorragend geeignet, um Klanghölzer, Triangel und Co. einzuführen, oder man arbeitet mit Minikreiseln, um die Feinmotorik zu schulen. Sicher fallen Ihnen und den Kindern noch weitere Möglichkeiten ein, um mit diesem Rhythmustext zu spielen.

# Da tickt etwas

**Tipp**

Wenn das Spiel in der Gruppe angelegt ist, können Sie die Kinder im Kreis in drei Gruppen aufteilen. Jede Gruppe übernimmt den Rhythmusteil einer Strophe. Alle Kinder singen also gemeinsam den Text, doch bei den rhythmischen Tick-tack-Einlagen sind nur die Kinder aus der jeweiligen Gruppe an der Reihe.

Track
14

# Tag und Nacht

**Ausgangsposition**
Die Kinder sind in zwei Gruppen aufgeteilt (Tag und Nacht). Sie stehen in einer eingefrorenen Pose im Raum verteilt; eine Gruppe in der rechten Raumhälfte, eine in der linken.

### Teil 1

Tag und Nacht sind ganz verschieden.
Tag und Nacht kennen sich nicht.
Nacht und Tag, voneinander getrieben.
Nacht und Tag, das Dunkel und das Licht.

*Immer bei seinem Wort (Tag oder Nacht) darf man sich von einer Pose in eine andere bewegen und wieder erstarren.*

### Teil 2 (2-mal)

Wärmend und kühlend,
strahlend und Schatten spendend,
klar und geheimnisvoll,
Tag und Nacht.

*Frei durch den Raum schweben, bei „Tag und Nacht" wieder in einer Pose zum Stehen kommen.*

### Teil 3

Der Tag macht alles sichtbar.
Die Nacht versteckt dein Gesicht.
Der Tag macht alles sichtbar.
Die Nacht versteckt dein Gesicht.

*Immer bei seinem Wort (Tag oder Nacht) darf man sich von einer Pose in eine andere bewegen und wieder erstarren.*

# Tag und Nacht

## Tipp

Dieses Lied gehört bei mir zu den „Fast-alles-Könnern". Mit ihm kann ich die Kinder zur Ruhe animieren: vor dem Schlafengehen oder in einer Bewegungsstunde als entspannendes Element. Das Lied hilft aber auch, die Wahrnehmung von Richtungen und Körperteilen zu unterstützen. Es funktioniert in der Gruppe wie auch im Paar. Es ist ein Spiel für die 3-Jährigen oder, in den schwierigeren Variationen, ein Spiel für die Vorschulkinder.

## Variationen

1. Alle sitzen im Kreis. Jeder hat einen ausgeschnittenen Mond und eine Sonne in der Hand. Bei den Worten Tag und Nacht werden die Elemente in die Höhe gehalten. Hier gehen natürlich auch gelbe und blaue Bälle.

2. Alle sitzen im Kreis, vorher wurde jeweils ein Körperteil der Nacht und ein anderer dem Tag zugeordnet (zum Beispiel linke Hand ist die Nacht, rechter Fuß ist der Tag). Bei den Worten Tag und Nacht werden die zugeordneten Körperteile in die Höhe gehalten.
   Das Ganze geht natürlich auch mit der Zuordnung rechts und links.

3. Für das „Echtzeitnachahmen" ist dieses Spiel gut geeignet. Entweder Sie geben langsame Bewegungen vor, und die Kinder versuchen, Ihnen zu folgen, oder die Kinder sitzen sich paarweise gegenüber, und einer führt, der andere folgt.

4. Oder Sie teilen die Gruppe in zwei Gruppen. Die Spielanleitung ist so wie zum Liedtext beschrieben. Das ist eine der schwierigsten Varianten!

# Tag und Nacht

**Tipp**

Die oben angegebene Variante ist die schwierigste! Für ein Vorschulkind ist es eine schwierige Aufgabe, zu hören und sofort mit dem Körper zu agieren. Lassen Sie sich und den Kindern Zeit bei der Erarbeitung dieses besonderen Spiels. Hören Sie gemeinsam das Lied (vielleicht als Endspiel in einer Bewegungsstunde). Sprechen Sie gemeinsam die Momente der Aktion ab, beginnen Sie mit einer leichten Variante, versuchen Sie verschiedene Varianten, denn manchem Kind liegt die eine mehr als die andere ...

DWM · 86

# Ganz große Gestalten

Dieses Kapitel beinhaltet die meisten „Lieblingsspiele", vor allem der Jungen. Neben den üblichen Begleitern dieses Alters (Gespenster, Räuber, Indianer und Piraten) gibt es auch einen schlittschuhlaufenden Ritter und seine Liebste, Kunststücksammler, Verdreher und Musikanten. Diese Gestalten sollen versuchen, durch ihre Beliebtheit die Kinder zu bestimmten Bewegungsmustern zu animieren, sie in ungewöhnliche Bewegungen zu locken und durch die Freude ihre Kondition zu stärken. Denn diese Gestalten legen fast immer richtig los!

# Die Gespenster von Schloss Kaphaun

Track 15

**Ausgangsposition**
Die Kinder liegen im Raum verteilt auf dem Boden. Die Gespenster schlafen, die Sonne geht unter.

**Teil 1**
Dunkle Nächte, die lieben wir sehr.
Da fliegen wir im Schloss hin und her.
Ganz in Weiß, und unsre Augen glühn.
Hörst du, wie wir unsre Ketten ziehn.

**Teil 2**
Wir sind die Gespenster von Schloss Kaphaun.
Wir können gruselig durch alle Wände schaun.
Ja, wir schlafen nur am Tage. In der Nacht sind wir putzmunter.
Wir erschrecken alle Leute, spucken von der Decke runter.
Doch wir spielen auch gern Fußball. Und wir tanzen auf dem Dach.
Und wenn Mama sagt „Ins Bett jetzt!", gibt es meistens etwas Krach.

**Wiederholung Teil 1**
Dunkle Nächte, ...

**Teil 3**
Wir sind die Gespenster von Schloss Kaphaun.
Wir können gruselig durch alle Wände schaun.
Ja, wir rollen mit den Augen. Unsre Zunge pupst dazu.
Unsre Mädchen können kreischen. Halt dir bloß die Ohren zu!
Aber böse sind wir wirklich nicht.
Komm uns besuchen, und wir zeigen dir
das ganze Schloss mit jeder Tür
und, wie man die Gespenstersprache richtig spricht.

# Die Gespenster von Schloss Kaphaun

## So geht es

*Zu Beginn des Liedes wachen die Gespenster langsam auf, recken und strecken sich, begrüßen sich ... und gespenstern dann das ganze Lied durch den Raum.*

# Die Gespenster von Schloss Kaphaun

**Tipps**

Die Schwierigkeit in diesem Spiel ist das kreative Ausfüllen eines ganzen Liedes mit Bewegungsideen. Die Fantasie wird enorm gefordert und gefördert. Dafür ist es von großer Bedeutung, dass vorher ein ausgiebiges Gespräch geführt wird. Überlegen Sie gemeinsam mit den Kindern, wie Gespenster aussehen können, wie sie sich bewegen (fliegen, schweben, drehen, wirbeln, auf dem Boden rollen, zu zweit tanzen ...). Hören Sie das Lied mit den Kindern, und suchen Sie gemeinsam alle Bewegungsanregungen heraus: fliegen, Ketten ziehen, durch Wände schauen, jemanden erschrecken, Fußball spielen, tanzen oder balancieren (da es ja auf dem Dach ist), mit den Augen rollen, mit den Zungen pupsen, kreischen (nur die Mädchen), die Ohren zuhalten. Das Alles sollen aber nur Anregungen und Vorschläge für die Kinder sein. Sie können sie während des Tanzens immer wieder daran erinnern, aber letztendlich soll jedes Kind seine eigene Form der Umsetzung finden.

Tücher oder sogar ein altes Bettlaken können eine Möglichkeit sein, noch intensiver in dieses Thema einzutauchen. Natürlich werden mit solchen Requisiten auch gleich ganz andere Bewegungen entstehen. Vielleicht bieten sie aber auch den Anlass, um eine Gespensterparty zu planen.

# Indianertanz

Track 16

**Ausgangsposition**

Die Kinder hocken in einem großen Kreis, die Hände liegen vor ihnen auf dem Boden.

**1. Strophe**

Das große Indianerfeuer lodert lichterloh.
Wir tanzen einen Kreis herum, schau, das machen wir so.

*Die Hände sind die Flammen. Diese lodern immer höher und bringen die Kinder somit langsam in den Stand.*

**Zwischenspiel**

*Die Kinder hüpfen vorwärts auf der Kreislinie. Dabei heben sie die Knie sehr hoch und veranstalten ein mächtiges Indianergeheul. Am Ende des Zwischenspiels bleiben sie wieder stehen.*

**2. Strophe**

Die Sterne da oben, sie schauen uns zu.
Wir tanzen den Indianertanz. Komm doch mit dazu.

*Jedes Kind dreht sich um sich selbst, die Arme nach oben gestreckt, den Blick zu den Sternen gehoben.*

**Zwischenspiel**

*Siehe Zwischenspielanregung oben.*

**3. Strophe**

Die Erde kann uns hören. Wir singen ihr ein Lied.
Lass uns sie beschwören. Komm, mach mit!

*Jedes Kind dreht sich um sich selbst, die Beine sind gebeugt, die Handflächen schweben beschwörend über den Boden.*

# Indianertanz

**Nachspiel**

*Siehe Zwischenspielanregung.*

**Tipp**

Das Feuer kann durch einen Reifen markiert werden. Somit fällt es den Kindern leichter, in den Zwischenspielen den Kreis zu halten. Trotzdem werden Sie immer wieder die Kinder anregen müssen, den großen Anfangskreis zu behalten, denn vor lauter Springen und Heulen denken die Indianer natürlich nicht immer daran.

# Die wilden Piraten

Track 17

**Ausgangsposition**
Die Kinder stehen verteilt in den Ecken des Raumes. Die Ecken sind die Kajüten mit den Schlafplätzen der Piraten.

## Vorspiel

*Die Piraten schwanken aus ihren Kajüten an Deck. Das Boot hat starken Seegang, daher wird stark gewankt.*

## Teil 1

Wir sind die wilden Piraten. Wir fahren über das Meer.
Wir machen unseren Körper stark. Mach mit, das ist nicht schwer

*In einer oder zwei Reihen aufstellen.*

## Teil 2

Beine hoch und Beine runter,
das geht flink, und das geht munter.

*Die Beine im Wechsel heben und senken.*

Arme zu und Arme auf,
etwas schneller, etwas schneller geht es auch.

*Die ausgestreckten Arme vor dem Körper kreuzen und wieder öffnen. Erst langsam, dann schneller.*

Ein Knie an den Bauch heran.
Ob dies auch das andere kann?

*Ein Knie an den Bauch ziehen und Balance halten, wechseln.*

# Die wilden Piraten

Nun im Wechsel auf und ab,
wir machen nie, wir machen nie, wir machen niemals schlapp.

*Die Knie im Wechsel schnell nach oben bringen.*

**Zwischenspiel**

*Sich den Schweiß abwischen, sich beglückwünschen, wie gut man das gemacht hat …*

**Teil 3**

Wir sind die wilden Piraten. Wir fahren über das Meer.
Uns haut nichts um, nicht der stürmischste Wind,
da wir die stärkste Piratenmannschaft sind.

*Die Piraten dürfen noch einmal jeder für sich durch den Raum tanzen; das Schwanken nicht vergessen.*

**Nachspiel**

*Die Piraten wanken und tanzen weiter und verschwinden am Ende wieder in ihren Kajüten in den Raumecken.*

**Tipp**

Auch bei diesem Spiel ist es wichtig, vorher über Piraten zu sprechen. Klären Sie gemeinsam mit den Kindern die Geschichte: Die Piraten kommen aus ihren Kajüten (Was sind Kajüten?). Sie schwanken noch müde an Deck. Das Schiff schwankt stark hin und her. Die Piraten müssen sich an Deck ganz schön anstrengen, um die Beine unter dem Körper zu halten. Dann tanzen sie, wie jeden Tag, ihren Piratentanz, damit sie gut vorbereitet sind für die Anstrengungen des Piratenlebens. Nach dem Tanz fühlen sich alle besser, sie können sich schon viel freier auf dem Schiff bewegen. Trotzdem, ein kleines Nickerchen kann nicht schaden. Daher geht es wieder zurück in die Kajüten.

# Die wilden Piraten

Das Schwanken ist gar nicht so einfach. Ich habe es immer vorher separat geübt. Achten Sie darauf, dass die Kinder nicht zu übermütig werden und stark aneinanderprallen oder sich durch „Spaßstürze" verletzen. Trotzdem geht es darum, mit dem Gewicht zu spielen und zu entdecken, wie weit man gehen kann, ohne umzufallen.

Klären Sie vorher auch die Aufstellung für den Piratentanz. Die Kinder brauchen genügend Raum, um ihre Arme seitlich auszubreiten. Daher müssen Sie entscheiden, ob eine Reihe genügt oder ob Sie eine Aufstellung mit zwei oder drei Reihen festlegen. Diese Aufstellung innerhalb des Spieles wiederzufinden und zu halten, stellt eine Herausforderung in diesem Spiel dar.

Damit die Musik einerseits das Schwanken und andererseits das Halten einer Aufstellung unterstützt, findet in diesem Spiel ein Taktwechsel statt. Das Schwanken am Anfang und am Ende wird durch einen Dreivierteltakt, die Aufstellung durch einen Viervierteltakt dargestellt.

Track 18

# Räuber Grumpelpups

**Ausgangsposition**
Alle Räuber stehen verteilt im Raum.

### Teil 1

Der große Räuber Grumpelpups
>Grumpel, Grumpel, Grumpelpups<
stapft mächtig durch den Räuberwald.
>Stapf, stapf, stapf, stapf<
Sein Bauch ist dick und voller Luft.
>Uarg ...<
Drum macht er ab und an mal Halt.
>Oi, joi, joi, joi, joi.<

*Alle Räuber stapfen mächtig durch den Wald und halten am Ende inne.*

### Teil 2

Der große Räuber Grumpelpups
>Grumpel, Grumpel, Grumpelpups<
stapft mächtig durch den Räuberwald.
>Stapf, stapf, stapf, stapf<
Sein Bauch ist dick und voller Luft.
>Uarg ...<
Und wisst ihr, warum es manchmal knallt?

*Alle Räuber stapfen mächtig durch den Wald und halten am Ende inne.*

### Teil 3

Nee, wisst ihr nämlich nicht! Das ist der Räuber, Mensch!
Er pupst, er pupst, sodass es ganz laut kracht.
Es stinkt, es stinkt! Oh Schreck!
Man hört es durch den ganzen Wald.

# Räuber Grumpelpups

Halt dir die Nase zu, und lauf schnell weg.
Iiiiih …

*Stehen und laut mit dem Mund pupsen; dann am Ende laut iiiiih rufend weglaufen, vielleicht zur Tür oder zu Ihnen.*

**Tipp**
Ach, ein Lieblingsspiel! Dieses Thema ist hervorragend geeignet, um alle Sympathien auf sich zu ziehen. Machen Sie sich auf einige Wiederholungsforderungen gefasst. Dieses Stück lebt von der theatralischen Umsetzung, von der Übertreibung und natürlich von den Lauten. Vor lauter Pupsen aber bitte nicht vergessen: Weitere Themen in diesem Spiel sind die Gegensätze von *langsam* und *schnell,* das Tempo (die Schritte) und das Zusammenspiel von Bewegung und Worten/Lauten.

# Der Ritter Kuno und sein Burgfräulein

Track
19

**Ausgangsposition**
Die Kinder sitzen im Raum verteilt.

**1. Strophe**
Der Ritter Kuno und sein Burgfräulein
lieben den Frühling, ja, den finden beide fein.
Dann springen beide Springseil, Tag und Nacht.
Ähm, wie wird das noch mal gemacht?

*Sitzend auf den Text hören.*

**Zwischenspiel**
*Jedes Kind zeigt, wie man das macht.*

**2. Strophe**
Der Ritter Kuno und sein Burgfräulein
lieben den Sommer, ja, den finden beide fein.
Dann gehen beide schwimmen, Tag und Nacht.
Du, wie wird das gleich noch mal gemacht?

*Sitzend auf den Text hören.*

**Zwischenspiel**
*Jedes Kind zeigt, wie man das macht.*

**3. Strophe**
Der Ritter Kuno und sein Burgfräulein
lieben den Herbst, ja, den finden beide fein.
Dann fahren beide Fahrrad, Tag und Nacht.
Mann, wie wird das noch mal gemacht?

*Sitzend auf den Text hören.*

**Zwischenspiel**

*Jedes Kind zeigt, wie man das macht.*

**4. Strophe**

Der Ritter Kuno und sein Burgfräulein
lieben den Winter, ja, den finden beide fein.
Dann laufen beide Schlittschuh, Tag und Nacht.
Kuno, wie wird das gemacht?

*Sitzend auf den Text hören.*

**Zwischenspiel**

*Jedes Kind zeigt, wie man das macht.*

**Tipp**

Sitzen und hören und dann erst lostanzen ist hier die Aufgabe. Jedes Kind kann vorher entscheiden, ob es Kuno oder Burgfräulein sein möchte. Wie die meisten anderen Gestalten in diesem Kapitel eignen sich auch diese beiden für die Faschingsparty.

Track 20

# Hexenechsen und Zaubersalamander

**Ausgangsposition**
Die Kinder liegen im Raum verteilt auf dem Bauch.

**Teil 1**
Hexenechsen und Zaubersalamander
kriechen langsam von einem Stein zum andern.
Doch manchmal, doch manchmal machen sie Halt.

*Wie eine Echse / ein Salamander sehr langsam durch den Raum kriechen. Am Ende erstarren.*

Und schauen nach rechts.

*Nach rechts schauen, dabei nur den Kopf bewegen.*

Und schauen nach links.

*Nach links schauen, dabei nur den Kopf bewegen.*

Pass gut auf, pass gut auf,
was nun passiert:

*(Pause)*

Dann lassen sie ihr Hexenechsen-Zaubersalamander-Hexenechsen-Zaubersalamander-Kunststück beginnen.

*Jetzt folgt in einem Teil 2 eine schnelle, aufregende Musik. Bitte geben Sie nun eine schwierige Bewegungsmöglichkeit oder eine Körperaufgabe vor, zum Beispiel: Krebsgang, nur der Po/Bauch berührt den Boden, nur eine Hand und ein Fuß berühren den Boden, auf einem Bein stehen, zu zweit Rücken an Rücken laufen, sich drehen, hochspringen …*

# Hexenechsen und Zaubersalamander

**Tipp**

Gesang und Kunststück-Teil werden auf der CD 3-mal wiederholt. Wenn Sie und die Kinder es möchten, können Sie alles aber auch nur 2-mal oder 5-mal wiederholen. Die Vorgaben für die Kunststücke können Sie auch vorher mit den Kindern gemeinsam festlegen, oder jedes Kind entscheidet selbst, was es für ein Kunststück macht. Achten Sie bitte auf die Unterschiede in der Bewegungsausführung während der beiden Teile: Im 1. Teil sind die Bewegungen sehr langsam mit einem Innehalten, wobei sich nur der Kopf bewegt. Im 2. Teil folgt das ausgelassene Kunststück. Ersteres ist selbstverständlich schwieriger.

# Herr Rückwärts und Frau Falschherum

Track 21

**Ausgangsposition**
Die Kinder stehen im Raum verteilt oder im Kreis.

**Gesprochen**

Herr Rückwärts und Frau Falschherum kommen dich besuchen.
Kannst du alles, so wie sie, anders herum versuchen?

*Die Kinder stehen und hören den Text.*

**Gesungen**

Vier Schritte vorwärts.

*Im Zwischenspiel vier Schritte rückwärtsgehen.*

Weit nach oben recken.

*Im Zwischenspiel den Oberkörper schlaff hängen lassen.*

Richtig laut aufstampfen.

*Im Zwischenspiel sanft mit dem Fuß auf den Boden Tippen.*

In die Breite strecken.

*Im Zwischenspiel sich ganz dünn machen.*

Dünn wie eine Nudel.

*Im Zwischenspiel sich ganz breit machen.*

Und nun ganz schnell wackeln.

*Im Zwischenspiel sich ganz langsam bewegen.*

Leise deinen Namen rufen.

*Im Zwischenspiel einmal laut seinen Namen rufen.*

# Herr Rückwärts und Frau Falschherum

Nun ganz langsam zappeln.

*Im Zwischenspiel ganz schnell zappeln.*

An die Decke schweben.

*Im Zwischenspiel in die Hocke gehen.*

Fest am Boden kleben.

*Im Zwischenspiel sich weit nach oben recken und strecken.*

Und nun bleib an einem Platz ganz still stehn.

*Eine wilde Musik beginnt. Die Kinder können nun ausgelassen durch den Raum tanzen.*

**Tipp**

Dies ist ein sehr beliebtes Spiel, und es erfordert eine große Portion Konzentration. Besprechen Sie deshalb vorher mit den Kindern die Aufgabe, und helfen Sie anfänglich auch während des Spiels mit, indem Sie selbst mitmachen. Außerdem: ein gutes Spiel für die Eltern-Mitmach-Stunde.

Track 22

# Die Zaubermusikanten

**Ausgangsposition**
Die Kinder stehen im Raum verteilt.

**1. Strophe**
Rumbumbum, die Trommel spielt, und wir springen hoch dazu.
Rumbumbum, die Trommel spielt, ich springe höher noch als du.

*Am Platz so hoch wie möglich springen.*

**2. Strophe**
Fideli, die Geige spielt, und wir drehen uns dazu.
Fideli, die Geige spielt, ich drehe schneller noch als du.

*Am Platz drehen.*

**3. Strophe**
Traritrara, das Horn erklingt, und wir stampfen laut dazu.
Traritrara, das Horn erklingt, ich stampfe lauter noch als du.

*Am Platz stampfen.*

**4. Strophe**
Klingelingeling, das Glöckchen schellt, und wir trippeln leis' dazu.
Klingelingeling, das Glöckchen schellt, ich tripple leiser noch als du.

*Schnell und leise durch den Raum trippeln.*

**Musikalische Wiederholung des gesamten Spiels ohne den Text**

# Die Zaubermusikanten

**Tipp**

Dieses Spiel ist recht einfach, zu spielen. Die Besonderheit besteht in der musikalischen Übung, denn in der Wiederholung ohne den Text sollen die Kinder an den Instrumenten erkennen, welche Bewegungen nun gefragt sind. Besprechen Sie daher vorher die Instrumente: Wie klingen sie? Zeigen Sie vielleicht Bilder der Instrumente ... Dieses Spiel eignet sich auch sehr gut als Kreisspiel.

adidas

# Verabschiedung

Track 23

### Gut zu wissen

Eine Verabschiedung. Wie auch bei der Begrüßung nutze ich einen langen, gleichbleibenden kleinen Text, der allen schnell anzeigt: Noch ein letztes Mal im Kreis zusammenkommen und einen gemeinsamen Abschluss finden. Und dann: Tschüss, bis zum nächsten Mal. Auch dieser Text ist auf der CD.

### Der Abschiedstext

1, 2, 3, 4 – Heute tanztest du mit mir.
5, 6, 7, 8 – Das hat richtig Spaß gemacht.
Dann die 9 und noch die 10 – Und nun müssen wir schon gehn.
Morgen schon, morgen schon werden wir uns wiedersehn.
(Oder: Doch nächste Woche, ganz gewiss, werden wir uns wiedersehn.)

# Bewegungsstunden

Diese 21 Bewegungsspiele kann man miteinander kombinieren. Auf den nächsten Seiten habe ich Ihnen vier Vorschläge gemacht, wie man eine Zusammensetzung für ca. 45 Minuten in einem Bewegungsraum gestalten könnte. So einen Vorschlag können Sie vier bis fünf Stunden beibehalten, vielleicht ändern Sie in der dritten Stunde an einer Stelle den Ablauf oder wechseln ein Spiel aus. Doch verstehen Sie diese Stundenbeispiele bitte nur als Vorschläge, und setzen Sie die Spiele so zusammen, dass es für Ihre Kinder, für den Raum, für die Situation Sinn macht. Oder kombinieren Sie die Spiele aus dem Buch einfach mit den Spielen, die Sie bisher benutzt haben.

Bei der Zusammenstellung meiner Bewegungsstunden (hier im Buch oder in meiner täglichen Arbeit) helfen mir folgende didaktische Grundgedanken, um interessante, gesunde und effektive Stunden vorzubereiten:

- Es gibt immer eine Begrüßung.
- Nach einem Spiel mit leichtem körperlichen Anspruch (zum Beispiel Rhythmus) folgt eine Erwärmung (zum Beispiel durch den Raum).
- Nach einem Spiel mit hoher Konzentration / hohem Schwierigkeitsgrad (im Kreis oder an einem Platz) folgt ein Spiel zur Entspannung im Sinne von „der Energie freien Lauf lassen".
- Die Auswahl der Spiele bedenkt eine abwechslungsreiche Nutzung des Raumes (Kreis, am Platz, durch den Raum, am Boden).
- Die Spiele geben die Möglichkeit, auch mal in Gruppen zu arbeiten (eine Gruppe tanzt, eine schaut zu, denn Zuschauen will auch gelernt sein).
- In der Stunde gibt es mindestens einen Moment, in dem sich die Kinder etwas wünschen können.

# Bewegungsstunden

- Es gibt einen gemeinsamen Abschluss / eine Entspannungsphase (ein Spiel im Kreis, Entspannung am Boden, ein Ausblick auf die nächste Stunde – gemeinsam sitzen und ein „Geschichtenlied" hören, noch einmal die Bewegungsstunde im Kopf Revue passieren lassen, ein Fingerspiel oder die Beantwortung der Frage „Was hat euch heute am besten gefallen?" können in dieser Situation der Stunde passende Elemente sein.)
- Es gibt immer eine Verabschiedung.

# Erster Vorschlag

Nach der **Begrüßung** (S.7) im Kreis folgt das Rhythmusspiel **Da tickt etwas** (S.38) (in einem engen Sitzkreis, wir klatschen oder schlagen den Rhythmus mit den Händen auf den Boden).

Zur Erwärmung wähle ich **Die kleine Erdbeere Kunigunde** (S.10).

Nach einem Gespräch darüber, wo in der Stadt die Erdbeeren wachsen (Balkon) und wo auf dem Land (Beet, Feld), setzen wir uns in die **Straßenbahn** (S.12) und fahren raus aufs Land. Im ersten Durchlauf sprechen wir über Tiere auf dem Land und im zweiten über Pflanzen.

Wir überlegen uns, was das größte Pflanzenkind auf der Erde ist. Wir tanzen **Ich bin der Baum** (S.28).

Nun haben wir ja schon einen schönen, großen Wald, und wer stapft dort durch: der **Räuber Grumpelpups** (S.54).

Nach dieser Sauerei haben sich alle im Wald versteckt. Auch unter den Steinen. Doch nun kommen sie heraus, die **Hexenechsen und Zaubersalamander** (S.58).

Nach so schönen Zauberkunststücken denkt sich die Sonne: Das kann ich auch. Und ihre **leuchtend hellen Sonnenstrahlen** (S.19) beginnen, die Welt zu bemalen.

Und bei diesem schönen Wetter hält es den **Ritter Kuno und sein Burgfräulein** (S.56) nicht mehr in der Burg. Raus geht es an die frische Luft.

Langsam wird es Abend, und in der Burg erwachen die **Gespenster von Schloss Kaphaun** (S.46).

Am Ende der Stunde hören wir uns alle gemeinsam noch die Geschichte von **Tag und Nacht** (S.41) an, und danach **verabschieden** (S.65) wir uns.

# Zweiter Vorschlag

Nach der **Begrüßung** (S. 7) im Kreis reisen wir zu den Indianern und tanzen um das Indianerfeuer den **Indianertanz** (S. 49). In diesem Tanz werden das Feuer, die Sterne und die Erde besungen. Ein wichtiges Element fehlt noch: **Wasser, Wasser** (S. 23).

Nachdem unser Eis geschmolzen ist, wollen wir schnell ins Warme. Wir fahren in den Urlaub. Leider haben wir nicht so viel Zeit, am Nachmittag wollen uns ja unsere Eltern wieder abholen. **Wir fahren mit der Straßenbahn** (S. 12).

Im zweiten Durchlauf hält die Bahn an einer riesengroßen Wiese. Was gibt es denn dort zu sehen? **Eine kleine Ameise** (S. 30). Wir erleben ein **Wettrennen** (S. 32) der Krabbler, und danach entdecken wir die **Hexenechsen und Zaubersalamander** (S. 58).

Eine Gruppe bunter Käfer tanzt ihren Käfertanz. Der heißt: **Langsam und schnell** (S. 36). Am Wiesenrand entdecken wir einen großen und mächtigen Wald, ein alter Baum wiegt sich schwerfällig im Wind, und es hört sich so an, als raunte er: **„Ich bin der Baum“** (S. 28).

Hinter dem Wald liegt ein weites Meer. Mit einem großen Schiff, einem Piratenschiff machen wir eine kleine Schiffstour. Das Schiff schwankt hin und her und **die wilden Piraten** (S. 51) sind gerade dabei, ihren Piratentanz zu tanzen.

Aber dann ist es spät geworden. **Auf mit dem Wind und davon** (S. 17) wollen wir deshalb schnell wieder nach Hause fliegen.

Wenn die Kinder noch Lust/Kraft haben, dann dürfen sie sich noch ein Spiel wünschen. Die **Verabschiedung** (S. 65) beendet die Stunde.

# Dritter Vorschlag

Der **Begrüßung** (S.7) im Kreis folgt das Rhythmusspiel **Da tickt etwas** (S. 38). Gibt es auch in einer Burg eine Uhr? Wenn ja, dann ist das bestimmt eine verwunschene Burg mit einer ganz verrückten Uhr. Diese geht mal **langsam und** mal **schnell** (S. 36).

In unserer Burg wohnen **der Ritter Kuno und sein Burgfräulein** (S. 56). Im Sommer schwimmen die beiden also gerne. Dazu muss es warm sein, die Sonne muss ihre **leuchtend hellen Sonnenstrahlen** (S. 19) zur Erde hinunterschicken.

Damit die beiden im Winter Schlittschuh laufen können, muss es kalt sein und Schnee geben. Wenn es draußen schneit, fragen wir uns vielleicht: **„Wer tanzt da vor meinem Fenster?“** (S. 15)

Der Ritter und seine Frau haben oft Besuch: **Herr Rückwärts und Frau Falschherum** (S. 60) kommen zu Gast in die Burg.

Natürlich braucht eine Burg auch **Gespenster** (S. 46). Diese Gespenster sind eigentlich wie wir, bis auf ein paar klitzekleine Abweichungen. Nur eines haben sie ganz bestimmt nicht: einen Schatten **(Ich will so sein wie du)** (S. 25).

Es wird Tag auf unserer Burg. Die Gespenster gehen schlafen. (Wenn die Kinder es wollen, kann man die **Gespenster** noch einmal wiederholen, am Ende legen sich alle Gespenster in ihre Betten.) Wir hören oder spielen eine einfache Variante von **Tag und Nacht** (S. 41). Es folgt die **Verabschiedung** (S. 65).

# Vierter Vorschlag

Nach der **Begrüßung** (S. 7) im Kreis tanzen wir **die Zaubermusikanten** (S. 62), ebenfalls im Kreis. Die Instrumente haben so schön gespielt, und die Kinder haben so gut getanzt, da kommt ein kleiner, neugieriger Wind (Hui), um zu sehen, was da los ist. Und noch einer, und noch einer ... Hui, hui ... Und dann trägt es uns **auf mit dem Wind und davon** (S. 17).

Nanu, wo hat der Wind uns denn hier hingepustet? Dort tanzen **die wilden Piraten** (S. 51) auf ihrem Schiff, an Land lodert ein Indianerfeuer und wir sehen einen **Indianertanz** (S. 49), und dort drüben kommt der dicke **Räuber Grumpelpups** (S. 54) aus dem Wald gestapft. Die Kinder sollen sich in drei Gruppen aufteilen. Jedes Kind muss entscheiden, welche es von den drei Figuren tanzen möchte. Es folgt eine kleine Vorstellung: eine Gruppe tanzt, die anderen beiden Gruppen sind die Zuschauer.

Nach drei so fabelhaften Tänzen geht es schnell wieder nach Hause: ein Stück von **Auf mit dem Wind und davon** (S. 17).

Herrje, was ist denn hier in unserem Bewegungsraum passiert? Der hat sich ja in ein Erdbeerbeet verwandelt, auf dem jetzt **die kleine Erdbeere Kunigunde** (S. 10) darauf wartet, dass sie jemand pflückt.

Die Maus in diesem Lied ist ganz schön schlau. Sie sammelt ihre Nahrung und, was sie nicht gleich essen kann, macht sie für den Winter haltbar. Kennt ihr noch kleine Tiere, die fleißig sind und immer sammeln? **Eine kleine Ameise** (S. 30)! Pssst, kommt mal her. Ich verrate euch mal was. Ich kenne noch zwei Tiere, die etwas sammeln. Die **Hexenechsen und Zaubersalamander** (S. 58). Die sammeln Kunststücke, und die zeigen sie nur ganz selten.

Am Ende folgt noch ein Rätsel für die nächste Stunde. Alle Kinder liegen am Boden und hören **Ich will so sein wie du** (S. 25). Nach des Rätsels Lösung folgt die **Verabschiedung** (S. 65).

# Zu den Stundenvorschlägen ...

**Liebe ErzieherInnen,**
lassen Sie beim Zusammenstellen der Bewegungsstunden Ihrer Fantasie freien Lauf. Mit einer kleinen Idee und mit Blick auf die oben genannten didaktischen Grundgedanken ist es recht einfach, 45 bis 60 Minuten mit den Kindern zu tanzen, sie zu faszinieren und ganz nebenbei ihren Körper und den Kopf zu fordern bzw. zu fördern. Denn in den Gesprächen, den Übergängen von Spiel zu Spiel kann man gemeinsam immer wieder Neues lernen. So wird eine Bewegungsstunde zur kleinen Lebenskunde.

In der „bewegten" Arbeit mit Kindern darf es nicht Intention sein, Bewegung zur Perfektion zu „trainieren". Vielmehr sollten die künstlerische und persönliche Entfaltung, das Ausschöpfen aller kreativen Möglichkeiten sowie die Entwicklung einer eigenen körperlichen Sprache im Vordergrund stehen. Unseren Kindern ist es egal, welche Fähigkeiten sie gerade „trainieren".

Ich würde mich freuen, wenn Sie die Spiele aber auch jederzeit und ohne Aufwand in den normalen Tagesablauf einbetten würden. In diesem Fall erachte ich es nicht unbedingt für erforderlich, die Kleidung zu wechseln. Entscheiden Sie sich aber für eine Bewegungsstunde, zum Beispiel in Ihrem Bewegungsraum in der Kita, dann würde ich Ihnen raten, die Kleidung der Kinder zu wechseln. Diese sollte dann bequem und der Temperatur im Raum angepasst sein sowie Bewegungsfreiheit gewährleisten. Je nach Bodenbeschaffenheit achten Sie bitte auf rutschfeste „Fußbekleidung", Schmuck und längere Schnüre an der Kleidung nehmen Sie ab. Und kleine „Schnellschwitzer" sollten im Winter den Rollkragenpullover natürlich ausziehen.

Am Anfang werden Sie die Lieder mit den Kindern hören, nach und nach kommen die eigenen Stimmen dazu, und später werden Sie zusammen singen und sprechen. Mit der Bewegung verhält es sich ähnlich. Lassen Sie den Kindern Zeit!

# Zu den Stundenvorschlägen ...

Der sprachliche und motorische Entwicklungsstand ist von Kind zu Kind verschieden. Was heute noch nicht klappt, wird morgen schon spielend gemeistert. Die Art der Ausführung wird sich unterscheiden, doch prinzipiell können alle Spiele sowohl von 3-jährigen als auch von 6-jährigen Kindern ausgeführt werden.

# Für Ihre Übersicht

| EINSATZMOMENTE IN EINER BEWEGUNGSSTUNDE |
| --- |
| Spiele mit leichtem körperlichen Anspruch |
| Aufwärmen |
| Kreisspiele (als Kreisspiel beschrieben oder gut im Kreis umsetzbar) |
| Hohe Konzentration / hoher Schwierigkeitsgrad |
| Entspannung, im Sinne von Energie freien Lauf lassen |
| Bodenspiele (als Bodenspiel beschrieben oder gut am Boden umsetzbar) |
| Spiele zum Energieabbau |
| Gemeinsamer Abschluss/Entspannung |
| **THEMENBEZOGENES ARBEITEN** |
| Thema: Zeit |
| Thema: Tiere |
| Thema: Natur |
| Thema: Figuren und Gestalten |
| Thema: Raum und Richtungen |
| Geschichtenlieder (zum Hören und Erzählen) |
| Eltern-Mitmach-Stunde (ohne große Erklärung, einfach zum Mitmachen) |
| Tänze (Aus diesen Spielen können leicht kleine Tänze entstehen.) |
| Spiele, die sich (fast) selbst erklären |
| auch als Fingerspiel, Tischspiel geeignet |
| **FÖRDERSCHWERPUNKT** |
| Koordination |
| Kondition |
| Rhythmus |
| Theatrales Spiel |
| Verantwortung für andere, Gruppenarbeit, im Paar |

| | Die kleine Erdbeere Kunigunde | Wir fahren mit der Straßenbahn | Wer tanzt da vor meinem Fenster? | Auf mit dem Wind und davon | Leuchtend helle Sonnenstrahlen | Wasser, Wasser | Ich will so sein wie du | Ich bin der Baum | Eine kleine Ameise | Das Wettrennen der Tiere | Langsam und schnell | Da tickt etwas | Tag und Nacht | Die Gespenster von Schloss Kaphaun | Indianertanz | Die wilden Piraten | Räuber Grumpelpups | Der Ritter Kuno und sein Burgfräulein | Hexenechsen und Zaubersalamander | Herr Rückwärts und Frau Falschherum | Die Zaubermusikanten |
|---|---|---|---|---|---|---|---|---|---|---|---|---|---|---|---|---|---|---|---|---|---|
| | | | | | | | | | | | | | | | | | | | | | |
| | | | | | | | | | | | | | | | | | | | | | |
| | | | | | | | | | | | | | | | | | | | | | |
| | | | | | | | | | | | | | | | | | | | | | |
| | | | | | | | | | | | | | | | | | | | | | |
| | | | | | | | | | | | | | | | | | | | | | |
| | | | | | | | | | | | | | | | | | | | | | |
| | | | | | | | | | | | | | | | | | | | | | |
| | | | | | | | | | | | | | | | | | | | | | |
| | | | | | | | | | | | | | | | | | | | | | |
| | | | | | | | | | | | | | | | | | | | | | |
| | | | | | | | | | | | | | | | | | | | | | |
| | | | | | | | | | | | | | | | | | | | | | |
| | | | | | | | | | | | | | | | | | | | | | |
| | | | | | | | | | | | | | | | | | | | | | |
| | | | | | | | | | | | | | | | | | | | | | |
| | | | | | | | | | | | | | | | | | | | | | |
| | | | | | | | | | | | | | | | | | | | | | |
| | | | | | | | | | | | | | | | | | | | | | |
| | | | | | | | | | | | | | | | | | | | | | |
| | | | | | | | | | | | | | | | | | | | | | |
| | | | | | | | | | | | | | | | | | | | | | |
| | | | | | | | | | | | | | | | | | | | | | |
| | | | | | | | | | | | | | | | | | | | | | |
| | | | | | | | | | | | | | | | | | | | | | |
| | | | | | | | | | | | | | | | | | | | | | |

# Dank an ...

Mein besonderer Dank gilt den jungen Tänzern und Tänzerinnen Alea, Anton, Ben, Bram, Emil, Ilias, Jannis, Joey, Karl, Leonard, Leticia, Marisa, Michelle, Taina und Yannick, den beiden Erzieherinnen Manuela (Ela) Ernst und Uta Hedler sowie allen Eltern.

# Medientipps

## Literatur

*Asmus, Stefanie; Krug, Tanja:*
**Phantasiereich der Bälle.**
Bewegungsgeschichten rund um den Ball.
Pohl-Verlag Celle, 2012.
ISBN: 978-3-7911-0289-4

*Bläsius, Jutta:*
**101 Bewegungsspiele für zwischendurch und überall.** 5-Minuten-Ideen zum Austoben und Entspannen in der Kita.
Verlag an der Ruhr, 2011.
ISBN: 978-3-8346-0816-1

*Fischer, Renate:*
**Singen – Bewegen – Sprechen.** Musik machen in Kita und Krippe.
Schott Music, 2010.
ISBN: 978-3-7957-0742-2

*Seyffert, Sabine:*
**Von Frühlingstanz bis Schneeflockenmassage.**
Bewegen und entspannen in Kindergarten, Hort und Grundschule.
Cornelsen Verlag Scriptor, 2011.
ISBN: 978-3-589-24708-0

*Weiler, Tina; Hein, Christoph; Albrecht, Vredeber:*
**Bing bong, schicke schong, wir tanzen den Radieschen-Song.** Bewegungsreime und Lieder zur Sprachförderung.
Verlag an der Ruhr, 2009.
ISBN 978-3-8346-0471-2

*Weiler, Tina:*
**Ohren an das Knie heran, ob die Nase wackeln kann?** Bewegungsreime zur Sprachförderung.
Verlag an der Ruhr, 2008.
ISBN 978-3-8346-0321-0

## Links*

**www.kindergartenpaedagogik.de**
Unter den Suchworten "Bewegung und Musik" finden Sie hier zahlreiche Fachartikel zu den Themen Körper, Gesundheit und Bewegung.

**www.kinder-alles-fuer-kids.com**
Auf dieser Seite finden Sie unter der Kategorie "Kinder-Spiele" zahlreiche Anregungen und Ideen für die Gestaltung des Kita-Alltags.

* Alle in diesem Werk angegebenen Internetadressen haben wir geprüft (Stand August 2012). Da sich Internetadressen und deren Inhalte schnell verändern können, ist nicht auszuschließen, dass unter einer Adresse inzwischen ein ganz anderer Inhalt angeboten wird. Wir können daher für die angegebenen Internetseiten keine Verantwortung übernehmen.

# CD-Index

| Track | | Zeit |
|---|---|---|
| 1 | Los geht's! | 0:30 |
| 2 | Die kleine Erdbeere Kunigunde | 1:24 |
| 3 | Wir fahren mit der Straßenbahn | 1:13 |
| 4 | Wer tanzt da vor meinem Fenster? | 2:00 |
| 5 | Auf mit dem Wind und davon | 2:12 |
| 6 | Leuchtend helle Sonnenstrahlen | 4:13 |
| 7 | Wasser, Wasser | 0:49 |
| 8 | Ich will so sein wie du | 3:33 |
| 9 | Ich bin der Baum | 2:47 |
| 10 | Eine kleine Ameise | 2:10 |
| 11 | Das Wettrennen | 2:06 |
| 12 | Langsam und schnell | 2:41 |
| 13 | Da tickt etwas | 2:11 |
| 14 | Tag und Nacht | 2:42 |
| 15 | Die Gespenster von Schloss Kaphaun | 1:53 |
| 16 | Indianertanz | 1:19 |
| 17 | Die wilden Piraten | 2:03 |
| 18 | Räuber Grumpelpups | 1:35 |
| 19 | Der Ritter Kuno und sein Burgfräulein | 1:56 |
| 20 | Hexenechsen und Zaubersalamander | 4:50 |
| 21 | Herr Rückwärts und Frau Falschherum | 1:53 |
| 22 | Die Zaubermusikanten | 2:08 |
| 23 | Verabschiedung | 0:22 |

Verlag an der Ruhr

Postfach 10 22 51
45422 Mülheim an der Ruhr

Telefon 030/89 785 235
Fax 030/89 785 578

bestellungen@cornelsen-schulverlage.de
www.verlagruhr.de

Es gelten die Preise auf unserer Internetseite.

## Kinder-Yoga – kita-leicht!

**Geschichten, Spiele und Übungen zum Bewegen und Entspannen im Kita-Alltag**

Heike Geisler

3–7 J., 120 S., 17 x 24 cm, Paperback
ISBN: 978-3-8346-0926-7
**Best.-Nr.: 60291**
**17,95€ (D)/18,50€ (A)/28,90 CHF**

## Schaut, wie mein Tuch tanzen kann!

**Fantasievolle Lieder und Bewegungsspiele mit Chiffon-Tüchern**

Andrea Paredes-Montes, Torsten Kamps

3–7 J., 56 S., 17 x 24 cm,
Paperback mit Audio-CD
ISBN: 978-3-8346-0925-0
**Best.-Nr.: 60925**
**24,95€ (D)/25,70€ (A)/39,80 CHF**

## Von Luftgeistern, tanzenden Hosen und magnetischen Händen

**Kreative Tanzspiele für Kita-Kinder**

Beate Lambertz

3–6 J., 80 S., 17 x 24 cm,
Paperback mit Audio-CD
ISBN: 978-3-8346-0928-1
**Best.-Nr.: 60928**
**24,95€ (D)/25,70€ (A)/39,80 CHF**

## Von der Dschungel-Expedition bis zur Abenteuerreise ins Riesenland

**20 fantasievolle Bewegungslandschaften für 3- bis 6-Jährige**

Myriam Bosch

3–7 J., 87 S., 16 x 23 cm, Ringehefter
ISBN: 978-3-8346-0829-1
**Best.-Nr.: 60829**
**19,95€ (D)/20,60€ (A)/31,80 CHF**

Keiner darf zurückbleiben